페터 비에리의
교양 수업

＊ 이 도서의 국립중앙도서관 출판예정도서목록(CIP)은 서지정보유통지원시스템 홈페이지(http://seoji.nl.go.kr)와 국가자료공동목록시스템(http://www.nl.go.kr/korisnet)에서 이용하실 수 있습니다. (CIP제어번호: CIP2018023951)

Wie wäre es, gebildet zu sein?

by Peter Bieri

일상 인문학 11

페터 비에리의
교양 수업

페터 비에리 지음 | 문항심 옮김

은행나무

차례

이해의 다양한 모습　43
_학문의 언어와 문학의 언어

일러두기

* 본문의 주는 모두 옮긴이의 것으로 편집자 주의 경우에만 명기하였습니다.
* 원문의 이탤릭체가 강조의 의미일 경우 **굵은 글씨**로 표기하였습니다.
* 본문에 등장하는 저작물 중 국역본이 있거나 통념적으로 널리 사용되는 명칭이 있는 경우 그에 따르며 원어명을 병기하지 않았습니다.

교양이란 무엇인가?

WIE WÄRE ES, GEBILDET ZU SEIN?

◆
◆

교양이란 사람이 자신에게 행하는, 그리고 자신을 위해 행하는 어떤 것을 말합니다. 교양은 **스스로** 만들어나가는 것입니다. **교육**은 타인이 나에게 해줄 수 있지만 **교양**은 오직 혼자 힘으로 쌓을 수밖에 없습니다. 말꼬리 잡고 늘어지려는 것도 아니고 시답지 않은 말장난을 하는 것도 아닙니다. 교양을 쌓는다는 것은 교육을 받는 것과는 실제로 아주 많이 다른 것입니다. 교육을 받을 때 우리는 무언가를 할 수 있게 되고자 하는 목적을 가집니다. 그에 반해 교양을 갖추려고 할 때는 무언가가 되려는 목적, 즉 이 세상에서 특정한 방식으로 존재하고자 하는 의식을 품고 노력하게 됩니다. 자기 자신과 세계를 대면하는 방식, 바로 이것이 오늘 제가 이야기하고 싶은 주제입니다.

세상을 대하는 태도로서의 교양

교양은 호기심으로부터 시작됩니다. 내 안에 있는 호기심을 죽인다는 것은 교양을 쌓을 기회를 강탈하는 것과 마찬가집니다. 호기심은 이 세계에 과연 어떤 수많은 것들이 존재하는지를 알고자 하는 끊임없는 갈망입니다. 호기심이 향하는 방향은 실로 다양합니다. 위로는 별들이 총총한 광활한 천체를 향할 수도 있고, 아래로는 원자와 소립자에 이르는 무한정 미세한 곳에 미칠 수도 있습니다. 외부로 뻗어나간 호기심은 방대한 대자연에 대한 탐구로, 내부로 고개를 돌린 호기심은 인간의 몸이 품고 있는 환상적인 복합성으로 파고들어 갈 수도 있습니다. 우주와 지구와 인간 사회의 역사를 더듬으며 시간을 거슬러 올라갈 수도, 반대로 우리 지구와 인간의 존재 형태와 스스로 생각하는 인간의 모습이 앞으로 과연 어떻게 변하게 될지를 예측해볼 수도 있습니다. 호기심을 지탱하는 건 언제나 두 개의 기둥입니다. 하나는 그것이 **무엇**인가를 **아는** 것이고, 다른 하나는 **어째서** 그런지 **이해**하는 것입니다.

알아야 할 것, 이해해야 할 것의 양은 방대하기 짝이 없으며 심지어 매일 늘어만 갑니다. 배운다는 것은 이런 것들의 뒤꽁무니를 따라가느라 정신없이 허덕이는 것을 뜻하지 않습니다. 올바른 해결 방법은 과연 무엇일까요? 알아야 할 것과 이해해야 할 것들의 대략적인 지도를 그리고 나서 그중 어느 지역을 더 깊게 배울 것인지 알아가는 것이라고 말씀드리고 싶습니다.

이 과정에서 똑같이 중요한 두 가지가 있습니다. 첫 번째는 **비율적 관계**를 이해하는 것입니다. 교양을 갖추기 위해서 지구에 몇 개의 언어가 쓰이고 있는지 그 수를 정확하게 알 필요는 없습니다. 그렇지만 40개는 아닐 테고 4,000개에 가깝겠지 하는 정도로는 알아야 할 것입니다. 중국은 전 세계에서 인구가 가장 많은 국가이지만 면적이 가장 넓은 국가는 아니라는 것, 화학원소의 수가 몇백까지는 되지 않는다는 것, 빛의 속도를 말할 때 초속

십 킬로도 아니지만 백만 킬로도 아니라는 것, 우주의 나이가 백만 년 정도가 아니라 몇십 억 년 정도는 되었다는 것, 중세가 시작된 시기는 예수의 탄생이 아니고 근대의 시작점도 지금으로부터 백 년 전은 아니라는 것, 예를 들자면 이런 것들을 말합니다. 비율적 관계에 대한 감각에는 인간과 그의 업적, 그 업적이 불러온 결과에 대한 정확한 의미와 무게를 부여하는 것도 포함됩니다. 즉 루이 파스퇴르Louis Pasteur는 축구선수 펠레Pele보다 인류 역사에 더 묵직한 영향을 끼쳤고, 활자의 발명과 전구나 컴퓨터의 발명은 우산이나 전기면도기, 립스틱의 발명보다 더 중요했습니다.

우리가 세계를 대하는 태도를 발전시킬 때에 발생하는 두 번째 현상은 **정확함**에 대한 의식입니다. 이는 무언가를 정확하게 알고 이해하는 것이 과연 어떤 것인가를 이해하는 행위입니다. 암석, 시詩, 질병, 교향곡, 법률 체계, 정치 현상, 게임 등 이런 것들 하나하나가 다 해당될 것입니다. 이 세상을 구성하는 아주 작은 단편적 조각들 그 이상으로 많은 것들을 전부 정확히 아는 사람은 존재하지 않습니다. 교양이라는 개념 역시 그런 것은 바라지 않습니다. 하지만 교양이 있는 사람은 정확함의 뜻을 알고, 정확

함이 학문의 여러 영역에서 서로 다른 의미로 쓰일 수 있음을 이
해하는 사람입니다.

깨인 사상으로서의 교양

교양인이란 세상을 살아가는 자신만의 방향성이 있는 사람이라고 할 수 있습니다. 그렇다면 이 방향성에는 어떤 가치가 있을까요? "아는 것이 힘이다." 교양의 개념을 대표하고 있는 이 말에는 자신이 가진 지식으로 남을 지배하라는 뜻은 없습니다. 지식의 힘은 다른 데에 있습니다. 지식은 **희생자**가 되는 것을 막아줍니다. 뭔가를 알고 있는 사람은 불빛이 반짝거리는 곳으로 무작정 홀릴 위험이 적고, 다른 사람들이 그를 이익 추구의 도구로 이용하려고 할 때 자신을 지킬 수 있습니다. 정치나 상업 광고 안에서 이런 일들은 빈번하게 일어나죠.

세계 안에서의 방향성이 중요한 이유는 또 있습니다. 교양을 갖추었다는 것은 지식과 이해가 무엇으로 구성되어 있으며 그들의 영향이 어디까지 미치는지, 한계는 무엇인지에 대한 물음을 이해한다는 것을 뜻하기도 합니다. 다시 말하면 다음과 같은 질문들을 스스로 던져보는 것입니다. 내가 **진짜로** 알고 이해하는 것은 무엇인가, 그리고 나와 다른 사람들이 알고 있다고 믿는 것 중에 그리 확실하지 않은 것은 무엇인가? 우리는 꼼꼼히 장부를 검사하듯이 우리의 앎과 이해를 짚고 넘어가야 합니다. 그러기 위해서 다음과 같은 질문을 던질 수 있습니다. 나는 나의 확신을 무엇으로 증명할 수 있는가? 그 증명은 신뢰할 수 있는가? 그것은 내가 증명하는 듯 보이는 것을 정말로 증명하고 있는가? 어떤 주장을 뒷받침하기 위해 사람들이 흔히 들먹거리는 이론은 과연 어느 정도 신뢰성을 가지는가? 무엇이 합당한 결론이고 무엇이 부당한 결론인가? 훌륭한 주장은 어떤 것이며 겉만 그럴듯한 궤변은 어떤 것인가? 이런 과정을 통해서 얻어낸 지식을 **이차적 지식**이라고 합니다. 이것이 있고 없음에 따라 단순한 학자와 교양이 탄탄한 학자로 갈라지며, 믿을만한 언론인과 정보의 원천을 왜 의심해야 하는지 이해하지 못한 채 무작정 갖다 쓰는 단순 무지한 기자로 구분됩니다.

이차적 지식은 우리가 미신의 희생자가 되는 사태를 막아줍니다. 한번 일어난 사건이 재현될 가능성은 어떻게 생길까요? 단순한 우연에서 비롯된 현상과 법칙은 어떤 면에서 어떻게 다를까요? 근거에 대한 진짜 설명은 가짜 설명과 어떤 면에서 다를까요? 우리 앞에 쏟아지는 온갖 예상과 예측들에 대해 올바른 판단을 내리고 그들이 가진 위험을 가늠하기 위해서 우리는 이런 것들을 알아야 합니다. 이런 것들에 언제나 깨어 있는 사람은 회의적 거리를 유지하는 사람입니다. 이들은 신비주의적 성향을 지닌 문학작품뿐만 아니라 경제와 관련한 향후 예측이나 선거공약을 대할 때, 심리상담자가 완치를 장담할 때, 뇌 과학에서 주장하는 거만하고 대담한 이론들을 접할 때도 이러한 태도를 유지합니다. 이들은 학자들이 타인의 주장을 여과 없이 그대로 받아들이면 몹시 불편해합니다.

이런 의미에서 교양을 쌓은 이는 단순한 **궤변적 외양**과 올바른 **사고**를 구별할 줄 압니다. 그 사람에게 다음과 같은 두 가지 질문을 던지는 일은 너무나 자연스러운 일입니다. "그것은 정확히 무엇인가?"와 "그렇다는 것을 우리는 어떻게 아는가?" 입니다. 이 두 가지 물음을 쉬지 않고 던질 때 우리는 논리적으로 그럴듯

해 보이는 교묘한 강압이나 세뇌, 또는 사이비 종교로부터 자신
을 굳건히 보호할 수 있으며 아무 성찰 없이 굳어져 버린 사고방
식과 말, 유행의 흐름, 모든 종류의 개념 없는 동조 행위에 대한
감수성을 날카롭게 단련할 수 있습니다. 무엇에도 기만당하거나
압도당하지 않을 수 있으며, 반면에 말만 번지르르한 자들, 세간
에서 말하는 정신적 지도자들, 파렴치한 언론인들은 발 딛고 설
수 없게 됩니다. '사고의 청렴함'이라고 불리는 이것은 매우 고차
원적인 가치를 지닙니다.

역사의식으로서의 교양

교양인이 가지는 계몽적 의식에는 비판적 의식과 회의적 경계심 말고도 다른 것이 있습니다. 거기에는 역사적 호기심이라는 특징도 포함됩니다. 우리가 느끼고 생각하고 말하고 사는 방식은 어떻게 시작되었을까요? 이런 궁금증은 지금의 우리 삶은 어쩌면 다른 모습이었을 수도 있고, 우리가 속한 문화가 다른 문화를 업신여겨도 될 만큼 필연적으로 형이상학적이지도 않고 우월하지도 않다는 생각을 바탕으로 하고 있습니다. 그러므로 계몽적으로 깨인 의식은 역사적 우연성의 인식을 뜻하기도 합니다. 이 인식은 자신이 속한 문화로부터 일정한 거리를 유지하며 그 문화를 좀 더 여유롭고 위트 있는 눈으로 바라보는 능력으로 표현됩니다. 이는 자기 삶의 방식을 가볍게 여기라거나 확신을 가지지 말라는 뜻이 아닙니다. 내가 살아가는 방식이 남들의 방식보다 우월하다고 여기거나, 특정한 한 존재 방식이 다른 모든 이들보다 올바르다고 여기는 단순하고 거만한 사고를 차단하자는 것입니다. 지금까지의 모든 제국주의와 종교 전파 활동의 핵심 사상이 되는 이러한 자만심은 확실한 무식함의 표시입니다.

우리가 우연히 속하게 되어 그 안에서 성장하게 된 문화를 다시 한번 새로이 배우고 그 문화가 각자에게 주는 자아상을 그에 알맞게 재점검하여 과연 그 자아상이 자신에게 맞는지 살펴보게 하는 역할을 하는 것이 역사의식입니다. 이는 언어에 대해 많은 생각을 하는 것과 깊은 관련이 있습니다. 특정한 문화의 일원으로서 역사를 탐구하는 것은 무엇보다도 자신이 사용하는 언어의 역사를 현재화시키는 것을 의미합니다. 우리는 말하는 동물이고 또한 문화적 정체성의 가장 큰 부분은 단연 언어이기 때문입니다. 우리는 언어를 통해 자연과 타인, 또 자기 자신에 대한 이해를 쌓아갑니다. 사람이 사는 모습은 말로 인해 많이 달라집니다. 자신의 세계관을 말로 표현하기 때문입니다. 세상을 어떤 눈으로 바라보는가는 언어가 둘러싸고 있는 중심적 카테고리를 통해 드러납니다. 이 카테고리들은 어떻게 생겨났으며 어떻게 변화했고 새로 부가된 것은 무엇이며 없어진 것은 무엇일까요? 우선 '정신', '영혼', '의식', '이성' 등과 같은 개념들을 떠올려볼 수 있습니다. 모두 인간의 존엄성이 가진 특별한 면을 나타내는 개념들입니다. 이들은 역사적으로 극심한 변화를 겪어왔고 사상의 불확실성이라는 족적을 남겼기 때문에 이를 아는 것은 교양의 과정에 속합니다. 이에 못지않게 선과 악, 죄와 속죄, 존중과 존엄, 자유와 정의의 개념을 아는 것도 중요합니다. 언어의 역사를 살펴보다 보면 겉으로 아무런 문제도 없어 보이는 매끈한 표면 밑에 숨어 있는 각기 다른, 불분명하거나 단편적인 것들을 발견하게 됩니다. '잔인함'이나 '고통', '행복', '여유'와 같은 말들은 문화적 자아상이 단어 몇 개로 추려질 수 있음을 보여줍니다. 감정을 나타내는 말들은 하나의 문화에 속한 구성원들이 자신을 어떻게 바라보는지를 잘 나타냅니다. 삶의 형태와 그에 대한 평가는 종종 그 언어권에서 대표적인 비유들을 통해 표현되며 인간은 매우 친밀한 사이에서 쓰는 말이나 욕설, 음란한 말을 자유로이 구사할 수 있을 때, 그리고 말로 나타내서는 안 되는 것들이 어떤 것인지 알 때 비로소 그 언어권에 완전히 동화되었다고 할 수 있습니다. 하나의 문화를 이해한다는 것은 그 문화에서 통용되는 도덕적 완전성의 개념에 대해 잘 안다는 것을 뜻합니다. 우리는 특정한 도덕적 규율과 금지 속에서 성장합니다. 우리는 내적 검열이 형성되기 시작하는 나이에 가정이나 주변 환경의 분위기에 녹아들어가 있는 이들 규율을 흡입하면서 자라나며 영화나 책을 보며 충격을 느끼거나 큰 영향을 받기도 합니다. 이는 한 사람의 도덕적 정체성을 좌우하며 분노나 원망, 죄의식, 도덕적 우월감 같은 윤리적 감정을 결정합니다. 우선 이들은 도덕이 가진 진지성을 의미합니다. 우리는 이러한 것들을 선택 사항이 아닌 절대적인 것들로 놓습니다. 교양이 이루어지는 과정은 지구의 다른 한쪽, 다른 사회나 다른 모습으로 살아가는 집단에서는 선과 악을 다르게 생각하며 다르게 느낀다는 것, 그리고 우리의 도덕적 정체성도 우연히 이루어졌으며 역사적 임의성을 띤다는 사실을 인지하는 데서 만들어집니다. 예를 들면 죄와 신에 대한 순종 개념이 유일신적 종교의 울타리 바깥에서는 다르게 파악되며 복수와 보복이 지구상 모든 지역에서 비난받는 일은 아니라는 것, 고통과 죽음과 행복에 대해서 실로 여러 가지 상이한 생각들이 있을 수 있다는 것, 그리고 어떤 지역에서는 세상에 있는 물리적 · 도덕적 악에 대해 그것들이 결정적인 최후의 어떤 것이 아니며 언젠가 훗날 정당한 셈을 통해 밝혀지리라고 믿는 사람들이 존재한다는 것을 아는 것입니다.

신앙을 가진 사람들에게 교양은 믿음에 가해지는 충격을 의미할 수 있습니다. 자신이 생각하기에 옳지 않은 신앙을 가진 사람들이 지구상에 너무 많다는 것, 그래서 그들이 곧 절망적인 미래를 겪게 되리라는 생각이 든다면 그것은 충격임에 틀림없을 것입니다. 그러므로 지금 내가 믿는 것, 내가 따르는 종교의식, 뿐만 아니라 내 도덕의식 같은 것들이 지역적이고 사회적 우연에 의한 것이라는 자명한 사실을 인정하는 행위는 결코 쉽지 않을 것입니다. 종교에서는 이런 것들이 역사적 우연성에 의해서 생겨나면 안 된다고 가르치고 있기 때문입니다. 만일 이들이 우연적인 것이라면 신앙은 무가치해질 것이고 종교는 한순간에 문화적 임의성을 띤 노리갯감이 되어버릴 것입니다. 교양은 세계관과 이데올로기에 연관되었을 때 파괴적이고 위험합니다. 우연성이라는 개념을 새로 가져다줌으로써 모든 삶의 방식이 상대적이라는 것을 표면 위로 끌어올리기 때문입니다. 교회와 같은 전체주의적 이데올로기들은 교양이 가진 이런 측면들을 체계적으로 질식시키려고 합니다. 그러므로 금서 목록이나 여행 금지 같은 것들이 존재하며 이슬람교에서는 배교가 사형의 이유가 되기도 하는 것입니다. 교양은 전체주의적 형이상학을 붕괴시키며, 비록 역사적 우연에 의한 것이기는 하지만 어쨌든 우리 각자가 자신의 삶에 부여하고자 하는 삶의 한 형태로 종교를 이해합니다. 즉 그것이 형이상학적 진실이냐 아니냐 하는 것이 아닌, 어떻게 살아갈 것인가 하는 질문에 관한 정체성과 관련된 문제로 종교를 이해하는 것입니다. 다른 해답이 있다는 인식은 종교의 가치를 떨어뜨리는 것 같지만 그렇지 않습니다. 종교가 주는 가치가 오히려 더 크게 느껴질 수 있는 이유는 옛날처럼 바꿀 수 없는 숙명에 묶인 것이 아니라 자유로운 선택을 할 수 있는 환경에 처해 있기 때문입니다. 이렇게 바꿔 말하면 어떨까요? 자신이 속한 문화적 정체성과 도덕적 정체성이 가진 역사적 우연성을 깨닫고 인정하는 사람만이 제대로 **성숙**한 사람이라고 말입니다. 사람, 죽음, 도덕, 행복에 관한 문제에 대해 자기 것이 아닌 남이 만든 기준에 맞춰 사는 한, 사람은 자신의 생에 완전한 책임을 진다고 말할 수 없습니다.

역사적 우연성에 대한 인식은 그밖에 다른 여러 인식을 포함합니다. 다양한 형태의 국가 제도와 법 제도에 대한 지식도 있겠지만 그런 것들 말고도 친밀감이 무엇인지에 대한 인식, 어떨 때 수치심을 느끼는가 하는 것, 몸에 대한 인식, 예의와 존엄에 대한 형태, 각종 예식을 어떻게 치르고 어떤 옷을 입는가 하는 것, 마약에 대한 인식, 기분이 들뜨거나 연정을 느낄 때 어떤 행동을 하는가, 어떨 때 웃고 어떨 때 우는가, 무엇을 보고 웃긴다고 느끼는가, 상을 당했을 때의 표현은 어떠하며 장례 절차는 어떠한가, 어떨 때 모욕감을 느끼는가, 어떻게 먹는가, 무엇을 경멸하는가, 남녀가 어떤 식으로 가까워지는가, 연애는 어떻게 하는가 하는 것들이 모두 들어갑니다. 여기서도 교양이라는 것은 다양함에 대한 인지認知, 남의 것에 대한 존중, 처음에는 우월감을 가졌더라도 곧 그 마음을 거두어들이는 것을 의미합니다.

이런 의미에서 교양을 쌓은 사람이라면 그 사람은 자연히 특정한 종류의 호기심을 가지게 되어 있습니다. 만일 내가 다른 언어를 쓰고 다른 지역과 다른 시대에 태어났더라면, 다른 기후 환경에서 자라났더라면 어땠을까 궁금한 마음이 생기는 것입니다. 만일 내가 다른 직업을 가지고 다른 사회계층에서 성장했다면 어땠을까 상상해봅니다. 깨어 있는 정신으로 어딘가로 여행을 가고 싶어집니다. 여행을 그동안 불편하게 느꼈던 것들을 이해하고 받아들일 수 있는, 내면의 경계선을 넓히는 계기로 삼고 싶어집니다. 그러다 보니 다큐멘터리 영상들을 마치 중독된 것처럼 열심히 찾아보게 됩니다.

지금까지 교양을 세계관과 계몽과 역사의식의 측면에서 정의했습니다. 여기에 제가 가장 좋아하는 것을 하나 더 추가하도록 하겠습니다. 교양인이란, 사람이 살아가는 방법에 실로 여러 가지 가능한 길이 있다는 것에 대한 깊고도 폭넓은 이해를 가지는 사람입니다.

표현으로서의 교양

교양인은 책을 읽는 사람입니다. 그러나 책벌레나 유식한 사람, 걸어 다니는 백과사전으로 불린다고 해서 자동적으로 교양인이 되는 것이 아닙니다. 역설적으로 들릴 수 있지만 배우지 못한 학자도 존재합니다. 교양인은 책을 읽은 후에 **변화**하는 사람입니다. "휴머니즘이 결국 그 무엇으로부터도 우리를 보호하지 못하는 겁니까?" 알프레트 안더쉬*가 이렇게 묻자 중산층의 휴머니즘적인 가정교육을 받고 자란 하인리히 힘러**는 이렇게 대답했습니

* Alfred Andersch, 1914~1980. 독일의 작가. 공산당 청년연맹 활동으로 집단수용소에 수감되기도 했다. 하인리히 힘러의 아버지인 요제프 힘러 밑에서 교육을 받았다. 이를 바탕으로 소설 『살인자의 아버지』를 썼다.(편집자 주)
** Heinrich Himmler, 1900~1945. 나치 시대 친위대장.

다. "휴머니즘은 인본주의적 사상을 담은 책을 그저 소비만 하는 것이 아니라 그것을 행하는 자, 다시 말해 책을 읽고 난 뒤가 읽기 전과 다른 자만을 지켜줍니다." 지식이 그저 정보들로 이루어진 더미나 시간 때우기의 수단, 사회적 신분을 나타내는 장식이 아니라 내면의 변화와 확장을 이끌어내서 결국 행위로 이어지는 것, 이것이 교양이 가진 뚜렷한 특징입니다. 이는 꼭 도덕적으로 의미 있는 일을 할 때로만 한정되지 않습니다. 교양을 쌓아가는 사람은 시 한 편으로도 변화하게 됩니다. 이 점이 교양을 갖춘 시민과 교양의 뒤꽁무니를 좇는 속물의 차이입니다.

지식을 담은 전문 서적을 읽을 때 독자는 한 가지 주제에 대한 올바른 해답을 찾아 헤매고 머릿속에 여러 목소리로 이루어진 합창을 듣습니다. 그는 더 이상 혼자가 아닙니다. 볼테르, 프로이트, 불트만*, 다윈의 책을 읽을 때 그의 마음 안에서 무언가가 일어납니다. 책을 덮고 나서 그는 세상을 이전과는 조금 다른 눈으로 보고 다른 행동을 하게 되고 다르게 이야기하고 사물 사이에 존재하는 더 많은 연관 관계를 알아채게 됩니다.

문학작품의 독자는 이와는 좀 다른 것을 배웁니다. 인간의 생

---

* Rudolf karl Bultmann, 1884~1976. 독일의 신학자이자 실존주의 철학자.

27

각, 의지, 감정에 대해 어떻게 말하는지를 알게 되는 것입니다. 문학을 읽는 것은 영혼의 언어를 배우는 것입니다. 문학 독자는 같은 것을 놓고도 이전과 다르게 느낄 수 있다는 것을 알게 되고 자신에게 익숙하지 않은 다른 사랑과 다른 미움을 배웁니다. 영혼의 차원에서 일어나는 일들에 대한 새로운 말들과 새 은유를 배웁니다. 구사할 수 있는 단어와 개념들이 늘어났기 때문에 자기가 겪은 경험을 세분해서 이야기할 수 있고 이는 뒤집어 말하면 사건을 더욱 세밀하게 분화시켜 느낄 수 있음을 의미합니다.

이제 교양에 대해 내릴 수 있는 정의가 하나 더 늘어났습니다. 교양을 갖춘 사람은 오래전 언젠가 주위들은 조각난 말과 생각의 찌꺼기들만을 만날 되풀이하는 이들에 비해 더 큰 관심을 가지고 세상과 자기 자신에 대해 더 잘 이야기할 수 있는 사람입니다. 자신을 조금 더 잘 표현할 수 있는 능력을 통해 그는 자아에 대한 이해를 계속 깊이 있게, 그리고 지속적으로 쌓아나갈 수 있습니다. 자아의 고갱이에 도달하는 데는 끝이라는 지점이 있을 수 없다는 것을 알기 때문에 이러한 작업을 결코 그치지 않을 것입니다.

자아 인식으로서의 교양

자기의 의견이나 원하는 것, 감정에 관한 것이라면 그냥 지나치지 않으며 스스로를 돌보는 능력, 교양은 이러한 능력과 관련이 있습니다. 매우 높은 수준의 학력을 자랑하는 사람도 있을 것이고 뛰어난 처세술로 세상일을 훌륭히 헤쳐나가는 사람도 있을 것입니다. 그러나 그들이 앞에서 말한 능력을 갖추지 못하고 자신을 어떻게 수련하는지 알지 못한다면 교양이라는 면에서 보았을 때 완전하고 풍성한 표현에 도달하지 못한 것입니다.

우리는 자아의 인식이라는 면에서 교양을 비추어볼 필요가 있습니다. 어떤 특정한 것들만을 믿고 바라고 느끼며 그저 하던 대로 나를 맡기며 살아가는 데 그치지 말고 자신에게 묻습니다.

그것들이 어디서부터 시작되었을까, 나는 그들의 인과관계를 어떻게 설명할 수 있을까, 대체 무엇을 근거로 하고 있는가, 하고 말입니다. 생각을 하고 의견을 세울 때 아까 앞에서 언급했던 이차적 지식이 생성됩니다. 그런데 이제 그뿐만 아니라 내가 왜 이런저런 의지를 가지게 되었는지, 왜 이런저런 감정에 도달하게 되었는지, 나를 이런 의지나 감정으로 밀어붙인 것이 무엇인지, 이유를 어떻게 잘 설명할 수 있는지를 전보다 더 깊이 숙고하기에 이릅니다. 여기서 핵심은 어떤 생각이나 감정, 소망이 그냥 생겨나도록 방치하는 것이 아니라, 그것들을 가지게 된 자기 자신을 이해하는 것입니다. 그러려면 자신의 과거를 해석해야 하고 미래에 하려고 세운 계획을 재조명하는 일, 즉 자아상이 만들어진 과정과 앞으로의 방향을 생각해보는 작업이 필요합니다. 교양을 갖춘 이라면 이 작업을 할 때도 자아상의 신뢰성과 한계를 자문해봐야 할 것입니다. 지금 내가 가지고 있는 자아상이 거짓이 아니라는 걸 어떻게 알 수 있을까? 자아상을 완성하는 데 어떤 종류의 걸림돌들이 있을까? 자아에 도달하는 데 왕도가 과연 있을까, 아니면 타인이나 세상을 바라보는 것과 똑같은 방법으로 나를 바라보면 될까? 이러한 질문들을 던지다 보면 다음 단계의 물음에 당도합니다. 자아상이라는 것은 발견하는 것일까 아니면 만드는 것, 창조하는 것일까?

이제 교양의 정의를 하나 더 추가할 수 있게 되었습니다. 교양이 있는 사람이란 자신에 대해 아는 사람, 그리고 그 앎을 얻기가 어째서 어려운지를 아는 사람입니다. 그는 자아상에 대해 고민하고 비판적 민감성을 줄곧 견지하며 자신을 고정시키지 않는 사람입니다. 그는 자신의 내면에 다양함이 존재한다는 것을 알며, 사회적 역할을 수행하기에 적합한 정체성과 자신이 하나의 확실한 정체성을 가지고 있다는 거짓말을 꾸짖는 불안정한 내적 다면성의 차이를 구별할 줄 아는 사람입니다. 그는 자아상이 가지는 미완성성과 부실함을 여유 있는 자세로 받아들일 줄 알며 그것을 자유로움의 한 모습으로 볼 수 있는 사람입니다.

주체적 결정으로서의 교양

교양을 갖추어나가는 과정은 자신에 대한 지식과 이해를 확장하는 것에 머무르지 않습니다. 자기의 생각과 감정과 의지를 평가하는 것, 그중 일부분과 자신을 동일시하며 나머지와 거리를 두는 것도 역시 중요합니다. 그렇게 해야만 특별한 내면적 중력을 가진 정신적 정체성을 창조할 수 있습니다. 다른 표현을 빌려 말하자면 우리는 우리 자신을 위한 정신의 조각상을 만들고 다듬는 것입니다.

우리는 의지와 생각과 감정으로 이루어진 자신의 세계에 언제나 만족할 수는 없는데 거기에는 여러 이유가 있을 수 있습니다. 내적으로 무언가가 서로 삐거덕거리기 때문일 수도 있고, 바깥세상에서 매번 상처만 받았기 때문일 수도 있고, 아니면 자신의 세계에서 자신이 어울리지 않는 이방인으로 느껴지기 때문일 수도 있습니다. 그럴 때 우리는 폭넓은 의미의 'éducation sentimentale'이 필요합니다. 이를 다른 말로 **감정 교육**이라고 부르기도 했는데 거기에는 다 이유가 있습니다. 자신의 정신적 활동에 관여하는 논리와 역동성에 대한 이해를 넓혀감으로써 우리는 내가 지금 가진 생각과 의지와 감정이 돌이킬 수 없는 운명 같은 것이 아니라 만들어가고 언제든지 변화시킬 수 있는 것이라는 사실을 배웁니다. 물론 거기에도 한계는 분명 존재합니다. 그러나 변화의 폭은 우리가 생각하는 것보다 훨씬 큽니다. 단지 행동뿐 아니라 의지와 경험에 관해서도 스스로 결정한다는 것이 무엇인지 알아가는 것도 교양의 과정에 속합니다. 자기 결정이란 내 안의 견고한 성을 쌓고 혹시 있을지도 모르는 독을 피하기 위해 외부로부터 오는 모든 영향을 차단하는 게 아닙니다. 교양인이 배우는 것은 이와는 다릅니다. 나를 나 자신으로 느끼지 못하게 하는 영향력과, 나를 나 자신과 더욱 가깝게 이끌어 더 큰 자유를 주는 영향력의 차이를 구분하는 법을 배워야 합니다. 단순한 인지 치료에서 벗어나 더 나아간 심리 치료의 모든 요법은 이러한 내면적 교양을 쌓아가는 데 도움이 됩니다.

이런 의미의 자기 결정은 마음속 높은 곳에 앉아서 조감도를 그리듯 내면의 상황을 내려다보면서 정할 수 있는 것이 아닙니다. 그렇게 해서는 내 생각과 감정과 의지를 마음대로 할 수 없습니다. 나라는 존재는 내 정신적 활동 그 자체입니다. 그러므로 자기 결정이라는 것은 단 한 가지를 의미합니다. 그 한 가지는 바로 정신적 사건들과 상태, 위치로 이루어진 그물을 끊임없이 엮었다가 풀었다가 다시 잇고 끄르는 활동입니다. 다시 말하면 내 안에서 무슨 일이 일어나는지 알기 위해서는 자아상을 만들었다가 다시 버리고 고치는 일을 계속해나가야 한다는 뜻입니다. 이제 우리는 교양을 쌓은 사람이란 자신의 정신이 가지는 형태를 스스로 결정하는 사람이라고 말할 수 있게 되었습니다. 그는 한번 만들어진 모습에 집착하지 않고 새롭게 자신을 점검하고 평가하는 쉼 없는 작업을 허용하며, 그 과정 중에 생길 수 있는 불안함을 받아들이고, 숙명적인 것은 없다는 의식을 항상 염두에 둡니다. 이를 통해 그는 그야말로 진정한 **주체**로 거듭나게 됩니다.

도덕적 감수성으로서의 교양

Éducation sentimentale, 즉 감정 교육이란 도덕적 감수성의 발전을 의미하기도 합니다. 내가 가지고 있는 문화적 정체성의 우연성을 인정하는 것에서 관용은 시작됩니다. 이는 낯선 것을 억지로 참으며 형식적으로 용인하는 것에서 더 나아간, 다른 삶의 방식에 대한 당연하고도 진정한 존중입니다. 결코 쉽다고 말할 수 없습니다. 특히 외부의 것이 나의 정체성이 속해 있는 도덕적 잣대를 침범할 때 진정한 관용은 더욱 어려워집니다. 다른 지역에서는 용인되고 있는 삶의 방식이 우리를 화나게 할 때 우리는 그 분노를 어떠한 잔인함을 통해 표출할까요? 교양이란 절대 어느 길로만 가야 한다는 불변의 법칙을 밀어붙이는 것이 아닙

니다. 교양의 길은 내 것이 아닌 것에 대한 인정과 자신의 고유한 도덕적 개념의 고수 사이에서 균형을 유지하는, 결코 습득하기 만만치 않은 기술입니다.

표현력이 풍부할수록, 또 경험을 표출하는 언어를 더 잘 활용 할수록 감정을 세분해서 느낄 수 있다고 앞에서 말한 바 있습니 다. 이는 외부의 것들과 좀 더 세밀하고 풍부한 관계를 맺게 되는 결과를 불러옵니다. 이것이 바로 우리가 '공감 능력'이라고 부르는 능력입니다. '사회적 상상력'이라고도 불리는 이것은 교양의 척도 입니다. 교양의 정도가 높을수록 다른 사람의 처지에 서서 생각 해보는 능력이 뛰어납니다. 교양으로 인해 구체적인 상상이 가능 하게 되는 것입니다. 구체적으로 상상을 해야 그동안 모습을 숨겨 왔던 억압이 비로소 밖으로 드러나며 폭력인 줄도 모르고 저질 러졌던 잔인함이 형체를 나타낼 수 있습니다. 이러한 모습을 지 녔을 때 교양은 잔인함에 대항하는 요새가 됩니다. 과거에 힘러 가 저질렀던 짓은 상상할 수 없을 정도로 끔찍한 상상력의 부재, 즉 도덕적 자폐증에서 원인을 찾지 않고선 설명하기 힘듭니다.

그러나 정신적 표현력으로서의 교양은 도덕과 관계가 적은 다 른 것들도 가능하게 합니다. 거부 의사를 밝히거나 거리를 두고 싶은 마음을 표현할 때 좀 더 섬세한 태도를 취할 수 있게 되고 반어법에도 능숙하게 되며 친밀함을 나타내는 형식도 새로이 배울 수 있게 됩니다. 이 모든 것들 역시 감정 교육에 바탕을 두고 있습니다.

시적 경험으로서의 교양

교육은 항상 어떤 쓰임새를 목적으로 합니다. 무엇을 하기 위해, 어떤 목표에 도달하기 위해 노하우를 습득합니다. 돈이든 권력이든 사회적 인정이든 목적이 무엇이든 상관없습니다. 그런데 교양은 다릅니다. 물론 교양을 축적하는 과정에서 어떤 능력이 따라오기도 하고 유용함을 가져다주기도 합니다. 그런데 이는 교양의 결정적 특성이 아닙니다. 지금 우리가 이야기하고 있는 교양은 유용성을 포함하지 않은, 그 자체로서 가치가 있는 것입니다. 예를 들면 사랑이 그러하죠. 사랑이 행복해지기 위한 수단이라고 말한다면 잘못된 것일지도 모릅니다. 왜냐하면 행복은 계획을 세워 그대로 조종할 수 있는 것이 아니기 때문입니다. 또 당연

한 말이지만, 교양이 없다고 해서 행복할 수 없는 것도 아닙니다. 교양이 없으면 행복할 수 없다는 말은 교양을 쌓는 길에 접근할 수 없는 이들에 대한 교만일 것입니다. 그러나 교양의 다양한 면면과 아주 가까운 곳에 행복을 경험할 수 있는 길 또한 많습니다. 어떤 행복이 있는지 알아볼까요? 세계를 조금 더 잘 이해하고 그 세계 안에서 자신의 방향성을 더 잘 세우는 것, 어리석은 미신을 떨쳐냈을 때 느낄 수 있는 해방감, 역사적 인식을 향해 새로운 문을 활짝 열어주는 책을 읽을 때 느끼는 행복, 다른 곳에서는 인간의 삶이 전혀 다르게 흘러간다는 것을 보여주는 영화가 안겨주는 감동, 자신의 경험을 자신만의 방식과 언어로 느낄 때의 황홀한 기쁨, 어느 한 순간 자신의 생에서 중요한 것이 무엇인지 알아채게 되었을 때의 신선한 행복, 그동안 달려오던 궤도에서 이탈해 내면의 모습을 바꾸고 결국 자신의 삶을 스스로 만들어갈 때의 느낌을 일궈냈을 때의 해방감, 사회적 상상력을 길러 도덕적 감수성에 관한 자신의 내적 지평을 넓혔을 때 겪게 되는 예기치 못한 경험 같은 것들을 들 수 있습니다.

교양은 행복의 또 다른 차원을 열어줍니다. 시를 읽을 때, 그림을 바라볼 때, 음악을 들을 때 지금 이 순간에 대한 우리의 경험은 극대화됩니다. 말과 그림과 음률이 주는 명료한 힘은 우리가 문화라고 칭하는, 인간의 다양한 활동이 다층적으로 얽히고설킨 공간을 잘 이해하고 있는 사람에게만 그 완전한 모습을 드러냅니다. 여기서 겉멋만 잔뜩 든 미술 애호가나 음악회 애호가인지, 아니면 예술의 고상함을 진정으로 체험할 줄 아는 사람인지의 차이가 극명하게 나타납니다. 전자는 그냥 교육받은 소시민이고 후자는 교양의 소유자입니다. 예술을 경험하는 그 순간의 밀도를 아는 사람이라면 교양과 교육을 혼동하지 않을 것이며, 교양을 넓혀가는 것이 '다가올 미래에 대한 현명한 대비'라는 어처구니없는 부르짖음은 하지 않을 것입니다.

교양이라는 열정의 길

우리는 교양을 방해하는 온갖 것들을 대하는 한 사람의 태도를 보고 그가 교양인인지 아닌지를 식별할 수 있습니다. 교양이 있는 자의 태도는 뜨뜻미지근하지 않습니다. 방향성, 깨어 있음, 자아 인식, 상상 능력, 자기 결정, 내적 자유, 도덕적 감수성, 예술, 행복 등 그야말로 **모든 것**을 다 아우르기 때문입니다. 교양에는 관용적 태도가 매우 중요한 요소로 포함되기는 하지만 의도적으로 만들어진 방해물이나 냉소적 소홀함 같은 것들 앞에선 그 어떤 관용도 봐줌도 없습니다. 예를 들어 돈이 된다면 뭐든지 다하는 상업적 언론이 방금 앞에서 나온 모든 것들을 망가뜨려 버리는 것을 보고서 불같은 혐오를 느낀다면 교양인으로서는 당연

한 일입니다. 교양인은 특정한 것에 대해 혐오감을 느끼는 사람입니다. 광고와 선거 유세에서 자행되는 거짓말, 정당하지 못한 모든 형태의 캐치프레이즈와 편견 가득한 생각들, 군부에서 자행되는 야비한 언론 정책과 사실 흐리기, 일반 시민들을 주 독자층으로 하며 스스로 교양의 원천이라고 자처하는 신문들에서 흔히 볼 수 있는 잘난 체하는 자들과 자기 생각은 하나도 없이 그저 남에게 동조하는 자들 앞에서 그들은 메스꺼움을 느낍니다. 교양이 튼튼한 사람은 아무리 작은 것일지라도 그 안에서 더 큰 것을 감지할 줄 알며 회유책 또는 문제를 축소하려는 그 어떤 시도에도 넘어가지 않습니다. 진정한 교양인은 필요하다면 돈키호테 같은 행동도 주저하지 않으며 우스운 사람이라고 손가락질받는 것도 두려워하지 않습니다. 왜냐하면 교양은 모든 것을 아우르기 때문입니다.

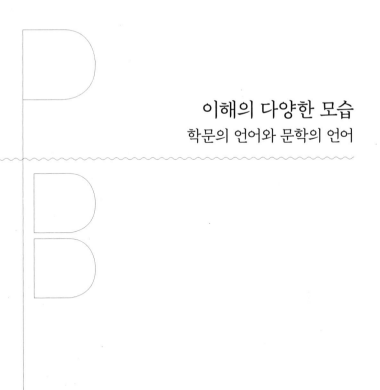

이해의 다양한 모습
학문의 언어와 문학의 언어

DIE VIELFALT DES VERSTEHENS
ÜBER DIE SPRACHE DER WISSENSCHAFT UND DIE SPRACHE DER LITERATUR

◆
◆

학문적 연구의 언어, 그리고 경험을 외부로 표현하는 문학적 언어가 서로 어떤 관계에 있는지 알고 싶다면 우선 우리가 세계와 맺고 있는 관계 안에서 언어가 어떤 역할을 하는지 전체적으로 그려보는 작업을 해야 합니다. 우리는 언어로 어떤 일을 하며 언어는 우리를 통해 무엇을 할까요?

이해의 도구로서의 언어

일단 **언어가 우리를 이해 능력이 있는 존재로 만든다**고 하는 전제하에서 생각의 가닥을 잡아봅시다. 단어와 문장을 만나기 전까지 우리는 세상의 인과적 힘에 그대로 노출되어 이리저리 떠밀려 다닙니다. 그런데 언어를 배우고 나면 세계에서 차지하는 우리의 지위는 근본적으로 바뀌게 됩니다. 이제는 상징으로 이루어진 어떤 체계를 이용해서 인과관계의 힘에 대응할 수 있게 된 것입니다. 이해 가능한 것으로 변화한 세계는 사고라는 과정을 통해 우리 것이 될 수 있습니다. 이는 자연뿐만 아니라 타인에게도, 또 우리 자신에게도 해당되는 말입니다. 자연현상 또는 타인의 행위, 더 나아가 자신의 경험을 이해하는 것, 이 모두가 우리가 이런 것들을 언어로 옮길 수 있기 때문에 이해 가능한 대상이 되는 것입니다. 언어는 맹목적 인과관계의 힘이라는 차원으로서의 세계를 이해 가능한 사건들의 차원으로 변화시킵니다. 우리의 하루는 우리를 둘러싼 세계와 우리 안의 세계를 이해하려는 시도로 종일 가득 차 있습니다. 우리가 말하는 동물이기에 가능한 일입니다.

언어가 우리에게 주는 첫 번째 능력은 경험을 개념적으로 조직하는 능력입니다. 개념은 행동하는 언어입니다. 개념은 우리가 접하는 사물과 사건을 분류하고 개별적 사건을 일반적인 것 중 하나의 예로 이해할 수 있도록 도와줍니다. 언어가 없다면 불가능한 일입니다. 경험과 사물은 그저 감각적 인상의 나열로 그치고 말 것입니다. 설사 어떤 일정한 패턴을 느낌으로 안다든가 근본적으로 존재하는 유사성 같은 것을 희미하게 알아챌 수는 있다고 해도, 이렇게 인식한 패턴을 인지적으로 더 큰 중요성을 지닌 관계로까지 유추해낼 가망성은 없습니다. 개념, 즉 언어가 없는 직관은 맹목적입니다. 일련의 술어를 활용할 수 있어야만 어떤 것을 어떤 것**으로** 보고 이해할 수 있게 됩니다. 가구는 그냥 가구가 아니라 진귀하고 비싼 것이 되고, 어떤 건물은 시청 건물이 되며 광장은 중앙 광장이 됩니다. 번개는 전기적 방전 현상이 되고, 어떤 남성은 시장님 또는 부패 정치가가 되며 건물이 밀집해 있는 장소는 다른 도회적 요소를 지닌 풍경과 어우러져 하나의 도시가 됩니다. 이러한 서술을 통해 우리는 단순한 감각적 실루엣과 이별하고 언어의 교양을 통하여 사물을 명확히 밝히는 여러 카테고리로 이루어진 시스템을 획득합니다. 비로소 형성된 관점에 서서 이들을 바라볼 수 있게 됩니다.

그런데 이는 집단의 구성원이 아니라면 불가능합니다. 언어는 상징체계이고 상징은 특정 규칙이 가지는 힘입니다. 여기서 규칙이란 행성의 궤도 같은 그런 규칙적 자연법칙이 아닙니다. 있던 것을 발견한 것이 아니라 우리가 만들어낸 이 관습적 규칙은 상징으로 **사용되어야** 하기에 규범의 성격을 띱니다.

올바른 사용과 잘못된 사용의 구별은 이러한 규칙을 동반하고 이는 또한 우리가 타인의 언어를 판단하는 기준으로 쓰입니다. 그러므로 개념적으로 백 퍼센트 사적이고 철저하게 주관적인 카테고리는 존재할 수 없으며 이는 곧 완전히 사적이고 주관적으로 세계를 이해하는 일은 있을 수 없다는 뜻이 됩니다. 세계를 이해하는 존재로서 우리는 좋든 싫든 언어 게임의 참여자가 되어 타인과 같은 게임을 하게 됩니다.

이해한다는 것은 분류한다는 것과 같은 말입니다. 이는 사물에 그저 이름을 붙인다고 해서 되는 것이 아닙니다. 내가 이해한 사물에 그것이 만일 이랬다면 어땠을까 하는 전제를 달아서 관찰하는 것입니다. 어떤 사물이 시청이라고 한다면 그곳은 정치적 결정이 이루어지는 장소일 것입니다. 누군가가 시장이라고 한다면 그에게는 일정한 권한이 부여됩니다. 어딘가에 합선이 일어났다면 전기 문제일 것입니다. 모든 분류 행위는 결론을 포함하고, 서술하는 말은 상호 연관적 그물망이 있는 장소 내에서 그 의미를 획득합니다. 분류하는 법을 배울 때 우리는 그 뒤에 무엇이 딸려오는지 그리고 그것의 전제 조건은 무엇인지를 함께 배웁니다. 이 말은 우리가 언어를 배울 때는 **근거 들기**라는 개념도 같이 배운다는 뜻입니다. 근거를 든다는 것은 결론을 낸다는 것을 의미하며, 올바른 결론을 낸다는 것은 하나의 문장에서 다른 문장으로 넘어갈 때 사실이 소실되지 않게 한다는 것입니다. 언어를 통해 우리는 자기가 하는 말에 근거를 댈 수 있는 존재, 다시 말해 이성적 존재, 사고하는 존재가 됩니다.

이런 의미의 생각하는 존재로서 우리는 대면하는 것들을 각자의 **조건**하에서 이해하는 능력을 갖추게 됩니다. 조건이라는 개념은 무엇을 이해할 때 언제나 중심이 되는 개념입니다. 우리는 어떤 것을 오직 그 어떤 것으로 만드는 조건을 먼저 알지 않고서는 그것을 이해할 수가 없습니다. 조건을 안다는 것은 법칙성을 아는 것인데, 이 법칙성의 개념은 우리에게 상황적 카테고리 짓기 능력이 있을 때만 습득할 수 있습니다. 무슨 말인가 하면, 어떤 것이 가능하고 어떤 것이 필연적인지를 알아야 한다는 뜻입니다.

　언어가 우리를 통해 무엇을 하는지에 대한 대답이 이제 나온 것 같습니다. 언어는 우리를 생각하는 존재들로 이뤄진 공동체로 만듭니다. 이 존재는 분류와 결론 내기와 근거 대기라는, 감각적 경험이 조건과 법칙성과 가능성과 필연성이라는 관점에서 조명되는 논리적 공간을 펼침으로써 자신이 겪은 바를 개념적 표현으로 전개할 줄 아는 존재입니다. 이해 가능한 세계에서 사고적으로 투명한 경험을 가능하게 하는 전제 조건으로서의 언어, 이는 유명론의 외투를 두른 칸트적 결론입니다.

　이 대답을 바탕으로 이제 우리는 맨 처음에 던졌던, 학문과 문학의 언어에 관한 질문을 조금 다른 질문으로 바꿔보겠습니다. 학문에서 말하는 이해와 문학에서 말하는 이해 사이에는 어떤 차이점이 있을까요? 이 두 가지는 각기 어떤 사고적 패턴에서 시작되었을까요? 또 이 둘의 해석적 목표는 서로 어떻게 다를까요?

자연의 이해

우리가 이해하려고 하는 것은 무지개, 화산 폭발, 화학반응 같은 자연현상인 경우가 많습니다. 여기에는 두드러기, 뇌전증적 증상, 약의 복용 후 일어나는 일들 같이 우리 몸에서 일어나는 현상도 포함됩니다. 왜 일어나는지를 묻는 행위는 상세한 인과적 연결 고리를 설명하는 인과관계적인 배경으로서의 조건들에 대한 질문입니다. 이를 이해한다는 것은 원인이 어떤 경로를 통해서 작용으로 나타났는지를 이해한다는 뜻입니다. 이러한 관점에서 보면 결국 이해를 하려고 하는 것의 내부 체계로 시선이 향함을 알 수 있습니다. 우리는 그것이 어떤 요소들로 만들어졌는지, 구조가 어떤지, 어떤 효력을 가지는지 머릿속에서 그려보게 됩니다. 그러므로 물질에 대한 지식과 그 물질이 따르는 법칙에 관한 지식이 절대적입니다. 이 법칙을 표현하기 위해서는 용어가 필요한데, 용어는 확장적 논리를 따르며 어법에도 맞아야 합니다. 정확함이라는 이상理想은 어법적으로 명확한 초기 조건들에서 어법적으로 명확한 후속 조건들을 끌어낼 수 있는 양적인 정확함의 이상과 일치하기 때문입니다. 여기서 이해한다는 것은 하나의 현상을 자연법칙의 현상으로 제시하고 여타 다른 현상들을 이 법칙의 관점에서 예측한다는 것을 뜻한다고 볼 수 있겠습니다.

행위와 그 원인의 이해

그런데 우리가 알고 싶은 것은 자연법칙뿐만이 아닙니다. 행위에 대해서도 이해하고 싶을 때가 많습니다. 그럴 때 우리의 생각을 이끄는 사고 패턴은 자연현상을 이해할 때와는 전혀 다릅니다. 투표를 하거나 은행수표를 발행하는 누군가가 있다고 상상해 봅시다. 그를 파악하려는 시선은 신진대사의 이상으로 나타난 두드러기나 신경학적 이상이 원인인 뇌전증 증상을 연구할 때의 안으로 파고드는 방법과 다릅니다. 우리가 어떤 정당에 투표하는 이유 또는 왜 누군가에게 어떤 금액의 돈을 주려고 하는지에 대해 이해를 시도할 때에는 그 인간의 물질적 구성과 구조적 만듦새 같은 것에 대해 알 필요가 없습니다. 해부학적 정보나 생리학적 정보는 우리가 알려고 하는 것과 무관합니다. 우리가 알고자 하는 것은 그의 안에서가 아니라 밖에서, 즉 정치적 환경이라든 지 경제적 처지 등 그가 처한 상황에서 찾을 수 있습니다. 누군 가의 행위에 대한 올바른 이해, 즉 **원인**을 찾으려면 바깥에서 찾아야 합니다.

원인의 언어는 정신의 언어입니다. 정신이라는 범위 안에서 하나의 행위에 특정한 신념이나 감정, 소망을 부여함으로써 그 행위를 이해합니다. 예를 들면 좌파 성향의 정당에 투표하는 사람은 빈곤 문제에 분노를 느끼거나 더 강력한 정의를 원하거나 그 정당이 그가 바라는 변화를 이루어낼 수 있다고 보기 때문일 것입니다. 수표를 발행하는 경우를 생각해봅시다. 그가 수표를 발행하는 이유는 경제적 어려움에 빠진 친구의 고통을 더는 보고 있기가 괴로운 마음에서 비롯된 것일 수 있습니다. 이유라는 측면에서 이 행위들을 비춰보면 이들은 **합리적**이고 **의미**가 있는 행위입니다. 합리성과 의미라는 카테고리는 자연현상을 이해할 때 아무런 역할을 하지 않습니다. 이들은 특정한 사고의 패턴을 정의합니다. 그리고 상호 간섭성, 즉 통일성에 관련합니다. 하나의 행위는 그 행위를 하는 이의 의견이나 바람, 감정들과 일치할 때 합리적이고 의미가 있는 것입니다. 그리고 이유라는 차원 안에서도 우리가 자연에서는 찾을 수 없는 일종의 통일성이 중요한 역할을 합니다. 행위를 하는 자의 합리성은 우리의 신념, 바람, 감정들이 서로 들어맞는 것, 서로 모순되는 고립된 요소들로서가 아닌 전체적으로 통일성 있는 정신적 프로필을 이루는 가운데 성립됩니다.

정신의 언어는 아주 획기적인 발명품으로, 우리를 행동하게 만드는 것들에 대해 해명할 수 있게 해줍니다. 우리는 어떤 행동을 할 때 우리 몸 안에서 일어나는 현상에 대해 전혀 알지 못해도 이 언어를 구사할 수 있습니다. 우리는 타인이 처한 환경을 보며 그의 행동이 어디서 비롯되었는지를 재구성할 수 있습니다. 그리고 이 연유들에서 그를 행동하게 만든 인과적 요인들을 유추해 봅니다. 그에게 특정한 신념이나 바람, 감정들이 없었다면 그것에 따라오는 태도도 취하지 않았을 것입니다. 그런데 자연현상과 달리 우리는 이러한 조건부적 관계를 작고 세부적인 이야기의 발단으로 보지 않습니다. 하나의 언어 안에서 그러한 이야기를 구성할 수 있다고 생각하지 않으며 이야기가 어떻게 진행되었는지 아주 세세한 것에까지 관심을 가지지 않습니다. 우리가 궁금해하는 것은 단 한 가지, 우리의 의견과 바람과 감정의 **내용**입니다. 이것 때문에 우리의 태도는 의미를 가지게 되고 누군가를 이해시킬 수 있습니다. 마찬가지로 정확함이라는 이상도 기계적 현상에서와는 완전히 다르게 이해해야만 합니다. 지금 우리가 말하는 정확함은 측량할 수 있는 것이 아니라 원인들을 최대한 그 내용에 맞게 세분하여 특정 지은 후, 그 사람이 믿고 바라고 느끼는 것이 무엇인지 비로소 말할 수 있는 것을 뜻합니다. 또한 무엇을 예측할 때도 자연법칙의 논리와는 다른 논리가 지배합니다. 정해진 공식에다 변수를 삽입하여 함숫값을 추정하는 것이 아닌, 정확한 상황과 충분히 상세하게 밝혀진 정신적 내용에다 의도적 합리성의 명제를 적용한 것을 밑바탕으로 예측합니다.

나 또는 타인들이 어째서 특정 행동을 하는지 이해하는 데 기준이 되는 일상 속의 심리학을 가능하게 만드는 것이 바로 정신의 언어이며 그것 없이는 우리의 삶도 생각할 수 없습니다. 아침에 잠에서 깨어났는데 정신의 언어를 망각했다고 상상해봅시다. 그야말로 악몽이 따로 없을 것입니다. 타인을 대면할 때, 그 사람이 행위의 주체가 아닌, 전혀 이해할 수 없고 예측 불가능한 움직임들을 수행하는 하나의 몸뚱이로밖에 보이지 않을 것입니다.

우리 행동의 동력이 되는 생리적 내부장치가 저절로 훤히 들여다보이도록 유리로 만들어지지는 않았기 때문입니다. 그렇다면 만일 어떤 행위에 대한 정신의 언어를 이해하는 대신에 신경생물학적 원인을 연구한다면 어떻게 될까요? 오늘날의 현실과는 비록 다르지만 모든 신경생물학적 메커니즘이 낱낱이 완벽하게 밝혀졌다고 가정해봅시다. 그것이 과연 일상 심리학의 자리를 대신할 수 있을까요? 그렇지 않을 것입니다. 인풋 아웃풋에 얽힌 기능들과 우리 몸 안에서의 에너지 관련 대사에 관한 사실들은 밝힐 수 있을 것입니다. 즉 앞에서 설명했던 자연법칙, 수학적 언어, 측량적 정확성 등 자연현상에 적용되는 이해의 법칙이 지배할 것입니다. 그러나 인간의 어떤 행위를 볼 때 거기에 이유가 존재하고 그 이유로 인해 비로소 합리적이고 유의미한 행위가 된다는 데까지는 영원히 미치지 못할 것입니다.

정신의 언어는 형이상학이 아니다

그렇지만 우리는 몸이라는 생물학적 시스템을 갖춘, 한 점의 자연이기도 합니다. 그렇다면 이는 자연과학적 이해의 원칙이 우리에게도 결정적으로 작용한다는 뜻, 다시 말해 자연과학적 원칙이 **정말로** 사실이 무엇인지를 말해준다는 뜻이 될 수 있을까요? 원인과 정신의 언어가 그려내는 우리의 초상화가 편리하고 유용한 그림이기는 하지만, 그것이 가진 필수 불가결함에도 불구하고 결국에는 거짓 그림, 하나의 환상에 지나지 않을까요?

그렇지 않습니다. 왜일까요? 벽에 그림이 한 점 걸려 있다고 상상해봅시다. 여러분은 부피나 무게, 전기적 에너지, 온도, 화학적 구성 등 여러 물리적 특징을 들어 그 물건을 설명할 수 있을 것입니다. 진열 방식이나 전시실 온도와 습도 등을 책임지는 박물관의 전시기술자라면 그러한 관점에서 이 그림을 바라볼 것이고 미술사학자라면 이 그림이 표방하는 바가 무엇이고 화풍은 어떠하며 그림의 주제가 화가와 시대에게 어떤 의미를 가지는지 설명하려 들 것입니다. 이는 아름다움과 표현력, 독창성, 조화로움 등 순수한 미적 관점에서 보는 방식입니다. 마지막으로 경매인의 입장도 생각해볼 수 있습니다. 그는 그림의 진위나 금전적 가치, 그림의 출처 같은 것들에 관심을 가질 것입니다. 이처럼 보는 관점도 여러 가지이고 설명하는 내용도, 관심도 다양합니다. 우리가 이렇게 여러 측면에서 서술하는 내용들이 의미와 액면 그대로의 뜻에서 봤을 때 어떤 것은 **진실**이고 어떤 것은 진실이 아니라고 생각할 사람은 없을 것입니다. 그림의 무게가 30킬로그램이며 유화라는 것도 사실이고 최후의 만찬을 묘사한 다소 유치한 졸작이며 지난번 경매에서 놀랍게도 고가에 낙찰되었다는 사실 또한 진실입니다. 바꿔 말하자면 위의 말들 중에 그 어느 것이 다른 것보다 **진실**에 더 가깝거나 멀지도 않고 **사실**이라는 면에서 더 높거나 낮은 점수를 받지도 않는다는 것입니다. 우리는 서로 다른 목적을 위해 각각에 맞는 묘사 방법을 발전시켜 왔습니다. 그

중 다른 모든 것들보다 우월한, 즉 절대적인 것이란 존재하지 않기 때문에 이들을 **경쟁** 구도 안에 몰아넣거나 서로 **대립**하게 만들려는 시도는 무의미합니다. 만일 누가 "알았어요, 알았어. 표현법이나 화풍, 미적 가치나 가격에 대해 얼마든지 떠들 수 있겠죠. 하지만 저 그림에서 **진짜**로 진짜인 것은 오직 물리적·화학적 특징들입니다. 왜냐면 결국 저 그림도 따지고 보면 화학 분자 덩어리에 지나지 않거든요"라고 한다면 우리는 그를 물질론자라고 부를 수 있겠습니다. 그래서 이렇게 대꾸하겠지요. "좋습니다. 당신의 세상에서 허상이 배제된 이성적 분석이 제일 중요하다는 점은 잘 알겠습니다. 하지만 생각해보십시오. 당신의 그 물질론은 세계를 설명하기 위해선 오직 그 방법만이 절대적으로 유효하다는 믿음에 불과한 것 아닙니까? 게다가 그건 형이상학입니다. 왜일까요? 그 믿음에는 **근거**가 없기 때문입니다. 또한 형이상학의 역사는 특정한 설명 체계가 다른 모든 설명 체계보다 우월하며 자신만이 무엇이 **원래** 맞는 것이고 **원래** 진실인지를 정의한다고 주장하는 시도들의 역사로 풀이될 수 있기 때문입니다."

자연의 이해를 목적으로 하는 자연의 언어와 행위의 이해를 목적으로 하는 정신의 언어의 경우도 이와 같습니다. 이 두 가지

가운데 무엇이 더 진실에 가깝다, 하나가 다른 하나보다 더 높은 사실성을 지닌다, 어떤 것이 나머지 것을 대체할 수 있다 말할 수는 없습니다. 자연과학의 언어와 일상 심리의 언어에서 존재하는 여러 가지 설명법들은 이해를 위한 다양한 필터이고 우리는 이 필터를 통해 여러 방식으로 세계를 관찰하며 다양한 관심을 기반으로 세계를 창조합니다. 정밀한 예측이나 제어, 실행 가능성을 측정할 때 필요로 하는 필터와 인간의 행위에 담긴 의미와 합리성을 이해하는 데 필요로 하는 필터는 다릅니다. 다만 필터가 바뀌거나 뒤죽박죽 섞이게 될 때는 혼란이 발생하게 됩니다.

문학은 정확한 서술을 향한 열정이다

언어와 진실, 세계에 대해 방금 한 논의들을 전제로 한 상태에서 이 강의의 제목을 대표하는 까다로운 질문을 던져보겠습니다. 과학과 비교해 문학의 언어와 문학의 이해법은 어떻게 다를까요?

문학적 이해의 큰 부분을 차지하는 것은 **서술**의 이해입니다. 문학적 글은 누가 무엇을 하고 무엇을 겪었는지 서술하는 이야기인 경우가 많습니다. 하나의 이야기는 주변 조건들을 언어로 풀어냄으로써 등장인물들의 행동과 경험을 독자들에게 이해시키는 문장들의 연속체입니다. 이러한 서술들을 연결해주는 언어는 일상 심리의 언어이며 정신의 언어입니다. 이야기의 언어가 지금 당장 벌어진 일의 원인에 대한 즉각적인 설명과 다른 점이 있다면 그것은 독자가 이야기 안에서 외적 환경이 어떻게 변하는지 알 수 있으며 등장인물의 내면세계가 변화하는 모습을 지켜볼 수 있다는 점입니다. 특히 분량이 긴 소설들의 경우에 두 가지 뚜렷한 특징이 있는데 그것은 정신의 개념이 서술적 개념이라는 것, 그리고 상황의 카테고리가 시간적 카테고리라는 것입니다. 등 장인물은 언제나 어떠한 상황에 빠지게 되는데 그가 그 상황에 다다르게 되는 과정이 빠짐없이 서술되어 있어야만 그 상황은 이해 가능하게 됩니다. 인물들이 생각과 느낌과 바람을 통해 어떻게 상황을 만들어내는가가 서술적으로 표현되지 않으면 독자는 이 과정을 이해할 수 없습니다.

이 점은 이야기를 쓰는 사람뿐만 아니라 문학과 상관없는 분야의 사람도 거의 다 알고 있습니다. 그렇다면 문학적 서술의 특별한 점은 무엇일까요?

그것은 서술이 가지는 특수한 **정확함**입니다. 문학에서는 무엇보다도 문장의 아름다움과 언어의 고상함, 특이하고 진귀하며 정선된 표현, 깊고 무거운 은유 같은 것들이 중요하다고 생각하는 의견이 있을 수 있습니다. 그런데 제 생각은 다릅니다. 우선적으로 고려할 점, 그리고 가장 중요한 점은 상황과 경험을 서술하는

63

언어가 정확해야 한다는 것, 정확하며 어느 것에도 수그리거나 타협하지 않는다는 것입니다.

정확함을 향해 노력하다 보면 희귀하고 훌륭하고 아름다운 문장이 탄생할 수 있습니다. "내 삶에서 가장 큰 비극은 다른 여느 비극과 마찬가지로 운명의 아이러니다. 나는 지옥을 거부하는 것처럼 진정한 삶을 거부한다. 나는 무례한 해방을 거부하는 것처럼 꿈을 거부한다. 그러나 나는 실제 삶의 더러움과 지루함을 살아간다. 그리고 꿈의 강렬함과 집요함을 살아간다. 나는 시에스타에 술을 들이켜는 노예와 같다. 유일한 몸뚱이에 두 배의 비참함을 진다." 페르난두 페소아의 글(《불안의 책*Livro do Desassossego*》, 16장)입니다. 그리고 정확함을 향한 열정이 대단히 훌륭한 은유를 끌어낼 수 있다는 것은 마틴 에이미스의 소설《머니*Money : a sui-cide note*》에서 볼 수 있습니다. "펄펄 끓는 증기기관들 위로 펼쳐진 도심의 스카이라인에 신이 흘린 녹색의 콧물 자국이 그어져 있었다."

그런가 하면 J. D. 샐린저는 《호밀밭의 파수꾼》에서 적확하지만 평범한 말을 사용해서 뛰어난 정확성에 도달하는 기법을 보여줍니다. "나는 창문에서 뛰어내리고 싶은 충동을 느꼈다. 땅에

떨어지자마자 내 몸 위로 뭔가를 덮어 가려줄 누군가가 있다는 확신이 있었다면 정말로 뛰어내렸을지 모른다. 피 칠갑한 살덩어리가 된 내가 구경꾼들의 볼거리가 되는 것이 싫었다.”

문학적 텍스트가 언어적으로 특별하다는 생각은 당연히 맞습니다. 그러나 그 특별함은 정확함을 추구하는 데서 나와야 하고 문학이 가지는 언어적 특별함을 높이 평가하는 이유는 정확함을 추구하려는 의지를 느끼기 때문이어야 합니다. 이 의지가 느껴지지 않는다면 언어적 특별함은 틀에 박히고 작위적이고 부자연스럽게 느껴지고 독창성은 강요된 것, 더 나아가면 강박적인 것으로 보이게 됩니다.

그러므로 문학적 글쓰기의 열정은 상황과 경험들을 재구성할 때 정확하게 표현하려는 열정입니다. 여기에는 이른바 **언어적 쓰레기**라고 불리는 것을 물리치려는 싸움이 빠질 수 없습니다. 습관처럼 붙어 있는 말의 습관, 답습되는 카테고리 짓기의 오류, 비틀어진 이미지, 의미 없이 반복되는 단어들, 숨겨진 모순, 알아채지 못하는 사족 등이 언어적 쓰레기에 속합니다.

이 열정은 플라톤적인, 철학적 열정과 맞닿아 있습니다. 플라톤적 대화의 방법적 토대를 다소 대담하게 표현해보겠습니다.

"문법적으로 잘 구성된 문장 하나하나가 모두 하나의 생각을 표현한다고 섣불리 말하지 말아야 한다. 겉으로 봐서는 아무 문제가 없어 보이는 문장도 실제로는 생각의 내용을 조금도 담지 않은 그저 헛소리인 경우가 숱하게 많다." 소크라테스가 정의와 의미, 진실 같은 것들에 대해 항간에 떠도는 이야기들을 실험대에 올려 상대방으로 하여금 자신이 무엇을 떠들고 있는지 모르고 있다는 사실을 깨닫게 해주었을 때 위와 같은 사실이 드러났습니다. 대화 상대편은 소크라테스와 이야기를 나누고 난 후 속이 비어 있는 뻔한 문구들을 대할 때 이전보다 더 비판적인 태도를 취하게 되었습니다. 그래서 저는 항상 학생들에게 이렇게 이야기합니다. 철학은 사고라는 개념을 다른 그 어느 학과보다 진지하게 여기는 학문이라고 말입니다.

철학과 언어적 깨어 있음이 공통적으로 가지는 특징은 매끄럽고 빠르고 정형화된 어법에 대한 불신을 밑바탕으로 한 언어를 향한 사랑입니다. 이들의 적은 현란한 언어를 구사하는 헛소리꾼들인데, 사실 자신이 쓰는 말과 글의 습관으로 인해 타인이 아닌 자신이 가장 큰 적수가 되는 경우도 많습니다. 이와 관련해 철학에서는 사고의 일치성이, 문학에서는 사건에 투명성을 부여할 수 있는 적절한 은유와 적확한 단어와 문장이 중요합니다. 그리고 철학적 깨어 있음과 언어적 깨어 있음은 서로 간섭할 수 있는 관계여야 합니다. 하나의 이야기는 사고적 일치성을 이루어야 하고, 사고적 분석은 경험의 정확한 묘사에 기댈 수 없을 때 공리공론으로 흐르게 됩니다.

문학은 복합성의 정신을 가진다

그런데 문학의 이해에서 중요하게 여겨지는 정확성이란 과연 무엇일까요? 어째서 그렇게 중요하며 그 정도는 어떻게 가늠할 수 있을까요?

　프리드리히 뒤렌마트의 단편소설 〈약속 *Das Versprechen*〉에서 강력반 형사 마테이는 폭력을 당하고 결국 살해당한 소녀의 부모에게 무슨 짓을 해서라도 반드시 범인을 잡겠다는 약속을 합니다. 원문을 보면 "영혼을 팔아서라도"라고 나와 있습니다. 피의자로 지목된 자는 수없이 반복된 신문 끝에 결국 범행을 자백하고 얼마 지나지 않아 구치소에서 목을 매 스스로 목숨을 끊습니다. 마테이 형사는 그의 자백에 의문을 품습니다. 그러나 그날은 공교롭게도 그가 취리히 경찰청을 그만두는 날이었고 그는 새로운 직장이 있는 요르단으로 가기 위해 비행기에 올라야 합니다. 탑승을 위해 활주로로 향하던 그는 중대한 결정을 내립니다. "탑승객들을 기내로 안내하는 여승무원이 항공권을 보기 위해 마테이에게 손을 내밀었으나 그는 다른 쪽으로 고개를 돌렸다. 이륙을 준비하는 비행기를 향해 부러운 표정을 지으며 즐겁게 손을 흔들고 있는 관람 발코니의 어린아이들 무리가 보였다. 마테이가 말했다. 아가씨, 저는 탑승하지 않겠습니다. 그러고는 공항 건물 안으로 다시 들어가 아이들이 바글거리는 발코니 밑을 지나 출구를 향해 뚜벅뚜벅 걸어나갔다."

　아이들의 모습을 본 마테이는 진짜 범인을 찾아야 한다는 것을 분명히 깨달았습니다. 소녀의 어머니에게 약속했던 것입니다. 아직 잡히지 않은 진범으로부터 저 많은 아이들을 보호해야 했다고 그는 말합니다. 이 의지는 그가 지키기로 한 다른 모든 의무보다 우선했습니다. 우리는 그의 의지가 어떻게 생겨났는지, 상황과 그 상황까지 흘러오게 된 이야기를 압니다. 그렇기 때문에 마테이를 이해할 수가 있습니다. 머릿속으로 활주로를 향하는 자신을 상상하는 우리는 탑승권을 검사하기 위해 손을 뻗은 승무

원을 눈앞에 그리다가 고개를 돌려 아이들을 발견하고 생각합니다. 그래, 나 같아도 비행기를 타지 않고 다시 돌아가 사건을 재조사했을 것 같아, 이렇게 말입니다.

그러나 경찰청에서 그는 복직하기에는 너무 늦었다는 말을 듣습니다. 본격적인 이야기는 지금부터 시작됩니다. 마테이는 술을 마시기 시작하고 결국 모든 것을 잃게 됩니다. 도덕성과 존엄성까지 말이죠. 그러다가 어떤 아이가 그린 그림에서 단서를 잡은 그는 진범이 그라우뷘덴주에 사는 것을 알게 됩니다. 그래서 쿠어와 취리히 사이에 있는 주유소 하나를 임대해 운영하면서 범인이 들르기만을 기다립니다. 그러면서 한 매춘부의 딸을 미끼로 이용합니다. "그렇게 그는 기다렸다. 끈질기게, 집요하게, 열중해서. 손님을 맞이하고 할 일을 하고 주유를 하고 엔진오일과 냉각수를 교체하고 차창을 닦고 언제나 똑같은 동작을 기계적으로 반복했다. 아이는 학교에서 돌아오면 그를 따라다니거나 인형의 집을 갖고 놀았고 총총거리거나 콩콩 뛰어다니거나 놀란 표정을 짓거나 쉴 새 없이 재잘거리거나 땋은 머리를 바람에 날리며 빨간 치마 차림으로 그네를 타면서 노래를 부르곤 했다. 그는 기다리고 또 기다렸다. 갖가지 색과 온갖 차종의 자동차들, 오래

된 차, 새 차들이 들렀다 갔다. 그는 기다렸다."

취리히 경찰청에서 최고의 형사로 손꼽히던 마테이는 몇 날 몇 달이고 술에 얼큰히 취해 주유소에 앉아 담배를 피우며 먼 곳을 바라봅니다. 그는 아이를 미끼로 이용합니다. 그가 딸아이를 키워주는 이유를 알게 된 아이 엄마가 말합니다. "이 나쁜 자식아."

뒤렌마트의 소설을 소개하는 이유가 또 있습니다. 흥미로운 이야기는 우리로 하여금 이해의 지평선을 넓히지 않을 수 없게 만든다는 것을 보여주는 예이기 때문입니다. 마테이가 비행기에 올라타려다가 몸을 돌린 행위는 우리가 충분히 이해할 수 있는 행위입니다. 자신의 힘으로 범인을 찾고야 말겠다는 심정도 이해 못 할 일은 아닙니다. 그의 처지가 되었다고 상상해보면 그 마음을 느낄 수 있습니다. 그런데 주유소 장면이 나오고 언제 올지 모르는 범인을 무작정 기다리는 대목에 이르러서는 좀 달라집니다. 그런 식으로 범인을 만날 수 있는 확률은 거의 0에 가깝습니다. 그렇게 공허한 기다림으로 그의 삶을 채워가는 날들이 며칠, 몇 주, 몇 달 쌓여갑니다. 그의 삶은 그런 기다림으로써 자신이 손 쓸 수 없는 어떤 사건을 일어나게 만들려는 시도로 채워진 삶입니다. 한마디로 미친 겁니다. 과연 나도 그럴 수 있을까? 독자는 자문하게 됩니다.

이 물음은 어떤 행위가 이성에는 반하더라도 거대한 힘 앞에 마주서 있다면 어떻게 했을까, 하며 자신의 행위를 상상으로 그려보게 되는 결과를 가져옵니다. 이야기를 읽는다는 것은 자아상을 시험대 위에 올리고 그동안 어둠 속에 잠겨 있었던 기억의 복도로 통하는 문을 연다는 뜻입니다. 마테이가 소녀와 엄마를 목적을 위한 수단으로 악용하는 가히 비윤리적 행위를 저지르는 부분을 읽을 때 바로 그 현상이 우리 안에서 일어나는 것입니다. 만일 나라면 가능했을까? 아니면 혹시 이미 그런 짓을 한 건 아닐까?

예술적이고 문학적인 이야기들은 이러한 방식으로 우리 자신을 기억 속으로 소환하며, 그런 뜻에서 자아 인식의 원천이라 볼 수 있습니다. 인간의 사고와 감정과 행위가 가진 복합성을 절대 과소평가하지 말라는 중대한 개념을 지키는 의무를 지고 있기 때문에 그렇습니다. **문학적 이야기의 정신은 복합성의 정신입니다.** 흥미로운 이야기는 등장인물들을 통해 인간이 얼마나 다층적 존재인지, 표면을 덮고 있는 이성에 얼마나 자주 구멍이 뚫리

72

는지, 감정적 정체성이 얼마나 깨지기 쉬운지를 우리에게 보여줍
니다. 처음에는 조용하고 신중하고 변덕스럽지 않은 사람으로 묘
사되던 마테이 형사는 요르단에서 시작될 새로운 일을 단번에
걷어차고 가슴속 깊은 곳에 잠겨 있던 어떤 흐름에 휩쓸려 결국
주유소에서 먼 곳을 멍하니 바라보는 알코올중독자 신세가 됩니
다. 어떻게 이런 일이 가능했을까요? 끝내 터져 나올 수밖에 없
었던 집착과 광신 안에 있던 것은 무엇이었을까요? 결국 자신을
향하게 된 그 잔인함은 어디서 비롯되었을까요?

문학적 이야기가 가진 정신은 의구심의 정신이며 모르는 것을
모른다고 인정하는 정신입니다. 모름에 대한 인정은 이야기의 화
자조차도 인물의 깊이를 완전히 알지 못한다는 느낌을 나타낼
정도로 등장인물이 가진 깊이에 대한 존중을 동반합니다. 이런
존중심을 가지고 등장인물들을 전개시키는 사람은 독자가 자신
의 상상력을 등장인물들 안에 쏟아부을 수 있을 정도로 그들을
열어놓습니다. 등장인물을 잊을 수 없는 이유는 결국 그 인물 자
체가 아니라 독자 스스로 활짝 열어젖힌 상상의 통로 때문이 아
닐까 하는 생각이 듭니다.

문학적 이야기하기는 언어적 쓰레기에 대항하는 싸움이라고

앞에서 말한 적이 있습니다. 이제 거기다 한 가지를 덧붙일 수 있게 되었습니다. 문학적 이야기는 인간의 행위를 지나치게 단순하고 일차원적인 것으로 설명하려는 시도에 맞서는 싸움입니다. 이런 의미에서도 정확성이 문학적 이해를 재는 척도가 되는 것입니다.

문학은 경험을 표현하는 허구다

뒤렌마트의 글은 이야기하기가 어떻게 이해에 대한 욕구로부터 탄생하게 되었는지를 알려줍니다. 소설의 화자는 다른 사람과 함께 차를 타고 가다가 피폐해진 마테이가 지키고 있는 주유소를 지나가게 됩니다. 그는 당장 옆 사람뿐 아니라 자기 자신에게도 마테이가 왜 저렇게 되었는지 들려주고 싶어집니다. 어떻게 보면 그는 그 이야기를 **꼭** 했어야만 했습니다. 말이라는 서술적인 방식으로 표현하지 않으면 견뎌낼 수 없는 것들이 있기 때문입니다. 바로 이것이 문학이 존재하는 여러 이유 중 하나이기도 합니다. 경험을 말로 정리하는 것은 우리가 그저 희생양에 머무르는 것을 막아줍니다.

이로써 저는 이제 문학을 정의할 수 있게 되었습니다. 문학은 경험을 예술적 언어로 표현하는 것입니다. 글쓰기를 시작하는 이는 하나의 경험을 표현하기 위해 글을 씁니다. 그 경험은 그저 아무 경험이 아니라 글쓴이가 세계와 맺는 관계를 결정짓는 경험이며 그 결정적 역할에도 불구하고 여전히 그에게 투명하게 와닿지 않는 경험입니다. 이야기를 쓸 때 그 뒤를 받쳐주는 에너지는 그 경험을 투명하게 밝히고 그를 통해 확실하게 자기 것으로 만들고 말겠다는 열정적 욕구에서 발생합니다.

자신의 이야기를 언어로 옮기려는 목적인데, 왜 꼭 이야기를 **지어내는** 것일까요? 허구의 역설이라는 것이 있습니다. 자신의 이야기를 하기 위해선 다른 사람의 이야기, 지어낸 이야기를 해야 한다는 것입니다. 그런 경우 등장인물 뒤에 어쩔 수 없이 몸을 숨겨야만 할 것 같은, 자신과 자신이 겪은 일들에서 분리되어야 한다는 느낌을 가질 필요가 없습니다. 오히려 그 반대입니다. 만들어낸 인물들 속으로 깊게 들어갈수록 자신과 더 밀착되는 느낌이 듭니다. 창조적 상상력이 자신과의 친밀감을 만들어주기에, 문학적 표현은 매우 강렬한 현재화된 경험을 만들어냅니다. 이는 모든 외부의 감각적인 현재적 경험을 밀도나 깊이 면에서

압도적으로 앞섭니다.

허구의 역설은 그 허구의 이야기를 만들어내는 과정에서 어쩌면 가장 중요할지 모르는 특성을 머릿속에 떠올려볼 때 비로소 사라지게 되는데, 그것은 바로 **압축**입니다. 작가는 소설을 쓸 때 등장인물을 창조하고 그 인물 주변에 플롯을 배치하여 그 인물에게 깊이감을 부여하는데, 자신이 겪었거나 믿고 있는 세계의 한 절단면이나 하나의 층을 특별히 더 강조하여 등장인물에게 최대한 선명한 입체감을 부여하기 위해 최선을 다합니다. 인물을 도드라지게 표현하려는 이 목표는 이야기 전개 안의 모든 단계에서 그들을 이끌어가는데, 이야기 속의 인물들이라면 모두가 가지는 이 특수한 작위성은 인물이 겪는 경험들이 이뤄내는 뛰어난 차원으로의 압축 때문에 가능한 것입니다. 여기서 말하는 작위성은 일반적으로 말하는 '자연스러움'의 반대 개념인 부정적인 것이 아니고 응축과 압축의 의미에서의 작위성으로, 어떤 주제를 문학적으로 다루려고 할 때 피할 수 없는 필수적인 것입니다. 마담 보바리, 안나 카레니나, 조지프 K., 험버트 험버트, 호모 파버, 아드리안 레버퀸 등 뇌리에 강력하게 파고드는 소설 속 인물들은 모두 예술적 압축성을 가집니다. 작가의 삶을 포함한 실제 삶에서는 이러한 압축성이 없습니다. 거대하고 격렬한 갈등이 계속 첨예화되다가 정신적 붕괴에까지 이르는 일이라면 가능할 수도 있겠지만 말입니다. 실제 우리의 삶은 다면적이고 다층적이며 뚜렷하고 정제된 주제가 아닌 서로 다른 여러 주제들로 겹겹이 싸여 있습니다. 이야기를 쓴다는 것은 드라마틱한 첨예화라는 방법을 동원해서 복잡하게 얽혀 있는 내면세계의 한 부분에 아주 밝고 환한 조명을 비추기 위해 실험실과 동등한 환경을 만들어내는 것이라고 말해도 무리가 없을 것 같습니다. 그렇게 본다면 자기 자신을 이해하기 위한 목적으로 다른 사람, 타인을 창조해내는 행위가 더 이상 역설로 들리지 않을 것입니다. 타인을 연출하는 것은 자신을 연출하는 것입니다. 다만 자전적인 글에서는 결코 달성하지 못할 투명성과 분석적 밀도를 가져야 할 것입니다.

문학은 언어의 음악이다

서술적 이해, 용어의 정확성, 행위의 동기가 가지는 복합성에 대한 존중, 창조적 밀도를 통한 경험의 재현. 이렇게 지금까지 우리가 문학적 이해의 특징에 대해 꼽은 내용을 종합해보았습니다. 여기에 아직 들어가지 않은 기준 하나가 더 있습니다. 어떤 의미에서는 가장 중요하기도 하고, 문학적 창작을 정의할 때에도 쓰이는 그것은 바로 문학의 언어는 그 형식을 통해 내용의 부분을 표현한다는 점입니다.

자신의 소설 《몬타우크》에서 막스 프리슈는 뉴욕에서 있었던 일을 이렇게 씁니다. "글을 쓸 아무 계획이 없는데도 나는 도저히 참지 못하고 조그마한 타자기 한 대를 샀다…… 타자로 문장을 쳐 넣고 싶은 이 강박." 자판을 치고 싶은 충동을 억누르지 못해 생겨난 문장이라면 그 문장은 그냥 보통의 문장은 아닐 것입니다. 그것은 작가의 문장, 낡고 너덜너덜해진 단어들에 원래 가지고 있었던 자신만의 특별한 무게를 다시 실어줄 문장일 것입니다. 이 문장들은 뉴욕 거리에서 있었던 경험들에서 속도의 힘을 빼고 그들이 더 깊이 이해될 수 있도록 문을 열어줄 것입니다. 이해되는 것이 많아진다는 것은 문장들이 내용 일부를 그 문장이 가진 형식을 통해 표현한다는 뜻이 될 것입니다. 문학적 문장이 된다는 말입니다. 프리슈가 쓴 문장들이 가진 운율감과 가락은 다른 것과 혼동되지 않을 정도로 특징적인데, 사실 모든 훌륭한 작가들의 글이 그러합니다. 그 문장들이 우리 독자들로 하여금 자신이 겪은 경험들을 더 깊이 이해하게 하는 데 도움을 주었다면 그것은 우리가 이 문장들을 마치 음악을 들을 때처럼 들을 수 있었기 때문일 것입니다.

물론 문학적인 글은 등장인물과 그들의 행동, 즉 줄거리에 대해 이야기합니다. 그러나 가장 중요한 것은 그 글이 줄거리를 **어떻게** 말하는가 하는 것입니다. 일어난 사건만을 따로 떼어서 말하면 그 점이 분명하게 드러납니다. 의사의 아내이자 일상에서

따분함을 느끼던 엠마 보바리는 두 명의 애인을 만들고 감당할 수 없을 정도의 빚을 집니다. 결국 막다른 골목에 몰린 그녀는 비소를 삼키는 선택을 합니다. 줄거리는 통속 신문에나 나올 법한 기사마냥 유치하기 짝이 없습니다. 플로베르가 이 소설의 소재로 삼은 것은 실제 신문 기사였으므로 이야기 자체는 **사실**이었습니다. 그런데 이 이야기에서 우리가 두고두고 읽는 명작이 탄생한 것은 이야기를 서술하기 위해 플로베르가 연출한 문장과 단어 덕분입니다. 어쩌면 보바리 부인이 한 모든 행동은 플로베르가 이야기를 진행하는 데 사용했던 모든 말들을 유감없이 펼쳐 보이기 위한 명분이었을 지도 모릅니다. 작품을 약 오십 장가량 썼을 때 플로베르는 루이즈 콜레에게 보내는 편지에서 이렇게 씁니다. "내가 좋다고 생각하는, 그래서 쓰고 싶은 책은 아무것도 아닌 것에 대한 책, 문체가 가진 내적 힘에 의해 스스로 존재하는, 외적인 것과는 단절된 책…… 주제라고 할 만한 것이 없거나 있다고 해도 최대한 보이지 않는 거나 다름없는 책입니다."(1852년 1월 16일)

그런 면에서 오페라와 비슷합니다. 오페라의 대본, 즉 줄거리 중에는 빈약하고 유치하거나 반대로 지나치게 비장한 것이 많고

개연성이라고는 하나도 없는 것들이 종종 있습니다. 그러나 우리가 오페라를 보러 가는 이유는 줄거리 때문이 아니라 음악을 듣기 위해서죠. 음악이 목적이기에 우리는 몇 번이고 오페라를 감상할 수 있는 것입니다. 문학적인 글도 다르지 않습니다. 언어가 만들어내는 음악을 듣고자 하기 때문에 문학적 글을 계속 읽게 되는 것입니다. Poesia é canto sem música, 시는 음률 없는 노래라고 페소아는 썼습니다. 시만 그런 것이 아니고 산문도 똑같을 것입니다.

그림을 볼 줄 아는 사람이라면 '아, 무엇을 그린 그림인지 이제 알았으니까 다시는 안 봐도 되겠군' 하는 생각은 하지 않을 것입니다. 그런 생각이 너무도 이상하고 어처구니없이 느껴지는 이유는 아마도 우리가 반 고흐나 엘 그레코가 해바라기를 그렸든 예수의 십자가 처형 장면을 그렸든 그린 대상이 중요한 것이 아니라는 걸 알기 때문일 것입니다. 우리가 자꾸만 감상하고 싶은 것은 색, 구도 그리고 붓의 터치입니다. 문학적 글의 평가 기준 또한 그림을 보는 마음과 다르지 않습니다. 줄거리를 이미 다 아는데도 자꾸만 또 읽고 싶어지는지, 즉 글의 형식 때문에 그 글을 읽고 싶어지는지가 우리가 문학을 선택하는 기준입니다. 안토니오

니Michelangelo Antonioni 또는 베리만Ingmar Bergman의 영화는 다시 한 번 더 보고 싶은 마음이 드는 데 반해 〈범죄현장Tatorte〉*은 한 번 보고 나면 그걸로 그만인 이유는 무엇일까요. 같은 범죄소설 장르 안에서도 차이가 있습니다. 그러나 대부분 바젤 역 앞의 서점에서 사서 열차 안에서 읽고 난 후 함부르크에 도착하면 버리는 경우가 허다합니다. 결말을 알고 나면 줄거리 말고는 글 자체가 관심거리가 되지 못하니까 그렇습니다. 그에 반해 레이먼드 챈들러의 책 같은 경우 궁극적으로 누가 어떤 짓을 저질렀느냐 하는 것은 크게 중요하지 않습니다. 우리는 필립 말로가 로스앤젤레스 거리를 처량하게 방황하는 대목을 몇 번이고 처음인 듯 읽고 싶어집니다. 아무리 들어도 질리지 않는 색소폰의 음색에 취할 때처럼 같은 글을 다시 찾게 되는 것입니다.

막스 프리슈는 언젠가 율리카 슈틸러**를 왜 붉은 머리로 설정했는지에 대해 질문을 받았습니다. 그는 카메라를 향해 빙긋 웃으며 이렇게 말했습니다. "붉은 머리라는 말이 문장의 리듬과 가장 잘 어울렸습니다." 저는 당시 그 인터뷰를 보고 내가 들은 것

* 독일 국영방송의 범죄 드라마 시리즈.
** 소설 《슈틸러》에서 주인공의 아내이자 전직 발레리나.

이 맞는지 귀를 의심했습니다. 그런데 시간이 어느 정도 흐르자 그의 말이 농담이 아님을 깨닫게 되었습니다. 형식이 내용을 지배할 수 있다는 것을 알게 되었기 때문입니다. 그걸 이해한 순간 저는 처음으로 문학이 무엇인지 알 것 같은 느낌이 들었습니다.

　문학적 글은 음악적 요소를 많이 품고 있습니다. 하나의 글에는 특정한 숨결, 특정한 리듬, 하나의 멜로디가 있습니다. 《젠틀맨 트리스트램 샌디의 삶과 견해 The Life and Opinions of Tristram》의 도입부 문구를 살펴보겠습니다. "나는 아버지나 어머니 가운데 한 분이라도, 아니면 법적인 측면에서 보자면 양편 모두에게 의무가 고르게 나누어지므로 참으로 두 분 모두가 당신들께서 과연 무엇을 하는지를 생각하면서 나를 만드셨기를 바라는 것이었다." 죽죽 늘여놓은 바로크풍 리듬의 이 글을 베케트의 소설 《몰로이》의 스타카토 리듬과 비교해봅시다. "나는 어머니 방에 있다. 이제 여기서 산다. 어떻게 이렇게 됐는지 모른다. 전혀 다른 세상으로 건너온 것 같다." 두 개의 다른 세상 사이의 간극은 안드레아 데 카를로와 토마스 만의 작품의 첫 문장에서도 찾아볼 수 있습니다. 데카를로는 이렇게 썼습니다. "오후 세 시, 나는 힐스 방향으로 향하는 내 흰색 MG를 타고 골드핀치 에비뉴를 달리며 롤링

스톤스의 노래가 나오는 카세트의 볼륨을 터져나가라 올리고 적
색 신호등을 지나쳐 그대로 앞으로 달려나가라.."(《작은 새장과 큰
새장 안의 새들_Uccelli da gabbia e da voliera》중) 매우 숨 가쁘게 흘러가는
문장입니다. 그에 반해 《마의 산》은 다음과 같습니다. "여름이 한
창이던 어느 날, 평범한 한 젊은이가 고향인 함부르크를 떠나 그
라우뷘덴의 다보스 플라츠를 향해 떠났다. 삼 주 예정의 여행이
었다." 문장이 아주 느긋합니다.

　책에서 어떤 감동을 받는지, 그 책이 마음에 드는지 그렇지 않
은지는 주로 이러한 음악적 특성에 좌우됩니다. 제가 보기에는
우리가 의식적으로 느끼는 정도보다 훨씬 더 많은 영향을 받는
것 같습니다. 우리는 음반을 넣고 플레이 버튼을 누른 후 느낍니
다. 아니야, 이건 좀 아니다. 우리는 책을 펼쳐서 읽으며 느낍니다.
아니야, 난 이런 색깔은 별로다. 서점에 가서 이런저런 책을 펼치
며 기웃거리는 행동은 음반 가게에서 여러 음반을 들추며 들어
보는 행동과 크게 다르지 않습니다. 책을 고르는 사람들은 책의
음색과 리듬과 멜로디를 들어보는 것입니다. 문학적 글에서는 내
용이나 줄거리의 많은 부분이 형태, 즉 단어의 선택과 작풍, 속도
를 통해 표현되기 때문에 독자들이 그런 기준을 두고 작품을 선

택했다면 결코 틀리지 않은 것입니다.

이로써 문학적 글에 대해 흔히들 손꼽는 여느 다른 중요한 선정 기준들보다 제게 더 큰 비중으로 느껴지는 기준이 무엇인지 이야기할 수 있게 되었습니다. 문학적 글은 그 글이 가지는 멜로디가 주제, 다시 말해 표현하려고 하는 경험과 정확히 일치할 때 성공합니다.

이탈리아의 작가인 프리모 레비는 원래 직업이 화학자였고 그래서 학문의 언어와 문학의 언어 둘 다 구사할 줄 알았습니다. 그는 작가가 지켜야 할 계명에 대해 이렇게 이야기했습니다. "작가는 자기가 쓴 모든 단어에 대해 왜 다른 단어가 아닌 바로 그 단어를 사용했는지 설명할 수 있어야 한다."(*Hommes et livres*, 1977) 이 계명은 학자들에게도 적용될 수 있을 것입니다. 그러나 이렇게 동일한 법칙을 적용했다고 해도 학문에서는 다른 의미를 가질 것이며, 이 강연은 그 두 가지 사이의 차이를 설명하기 위한 강연이었다고 말할 수도 있을 것입니다. 세심하게 선택된 정확한 단어는 학자의 언어로 쓰였을 때 최선의 해석과 최적의 이론, 신뢰성 있는 예측을 가능케 합니다. 하나의 단어나 어떤 표현, 용어는 이러한 기대가 충족되는 것을 막을 때 비로소 비판의 대상이 됩니다. 그에 반해 시인이 쓸 수 있는 좋은 말이란 그가 세상을 살아가고 경험하는 방식을 최대한 나타내주는 말이 되겠습니다. 말이 품은 의미나 그 운율에 있어서 작가가 표출하기 원하는 경험을 명확히 표현하지 못하고 오히려 왜곡하게 된다면 그것은 잘못된 선택이라고 할 수 있습니다.

페터 비에리의 교양 수업

1판 1쇄 발행 2018년 8월 15일
1판 7쇄 발행 2023년 7월 24일

지은이·페터 비에리
옮긴이·문항심
펴낸이·주연선

책임편집·최민유
표지 및 본문 디자인·이지선
마케팅·장병수 최수현 김다은 이한솔
관리·김두만 유효정 박초희

(주)은행나무
04035 서울특별시 마포구 양화로11길 54
전화·02)3143-0651~3 | 팩스·02)3143-0654
신고번호·제 1997-000168호(1997. 12. 12)
www.ehbook.co.kr
ehbook@ehbook.co.kr

ISBN 979-11-88810-51-2 03100